EK KIRDAAR ROOH KE PASS

USMAN KHAN

Copyright © Usman Khan
All Rights Reserved.

This book has been published with all efforts taken to make the material error-free after the consent of the author. However, the author and the publisher do not assume and hereby disclaim any liability to any party for any loss, damage, or disruption caused by errors or omissions, whether such errors or omissions result from negligence, accident, or any other cause.

While every effort has been made to avoid any mistake or omission, this publication is being sold on the condition and understanding that neither the author nor the publishers or printers would be liable in any manner to any person by reason of any mistake or omission in this publication or for any action taken or omitted to be taken or advice rendered or accepted on the basis of this work. For any defect in printing or binding the publishers will be liable only to replace the defective copy by another copy of this work then available.

Contents

Part 1

PROLOGUE

This book is dedicated to my world, to my universe and to my multiverse, she is literally that dream which I never dreamt of living, she is that reality, which can calm stormy waters just by a pinch of her smile, she is that familiarity of childhood which has thousands of tales. Whenever I see her smiling my whole gets a rest, whenever I see her laughing life seems to have purpose in its distress, whenever I see her, my soul starts praying and thanking, cause it's the best work God has done in his lab.

There are many more things still left to be written, there are many cute stories left to be heard, but no matter how much I write/say about her, everything comes short once you see her smile, her smile is world's most beautiful smile and it makes me fall in love with all over again.

I love everything about her
Whenever I hear the word love it gets me reminded of her, thanks for never letting me feel alone, thanks for being in my life.

I
Roshni

Raahi ko dar milte dekha
Palak jhapakte hi saya unka dekha
Muskurahat ko dil ka sukoon bante dekha
Aankhon meim unki yeh jahan maine dekha
Subah ki roshni mein chera unka dekha
Shaam ki madhoshi mein doobte khud ko dekha
Tasveeron mein unhe gun-gunate dekha
Raaton mein samay mo tham te dekha
Nazar na Lage khwahishon ko kabhi
Ibadat mein bas yahi dua mangte dekha
Shukriya har dafa kahu rab ko unke liye
Unki har adaa mein khuda ka pehlu jo dekha
Sundarta ke roop mein Kohinoor dekha
aap ki nazron mein jannat ki hoor dekha

II
Deedar

Suna tha ki chero se,
Pyaar me madhosh, sitaro se
Samajh na paya, hazaron se, par
Jab, ankhein takrai mohabbat se
Pehli jhalak, mein khud ko khota hua paya,
Chehre ki roshni tale simat ta hua paya,
Muskurahat ki chavi me rab ka saya paya,
Dil ki dhadkano ko kuch samjh na aya,
Apki har jhalak, shor bhari is duniya mein,
sukoon ka paigam hai,
Apki pheli jhalak, mujhe khud se juda kar gai!

III

Mulakat

Chai ki chuskiyo mein thoda sa sarmai thi
Hawa ka jhoka jhulfo mein ja samai thi
Nashili ankhon mein jahan bhar lai thi
Par khulke na vo muskurayi thi
Gum ko dil me liye kai baar nazrein chupai thi
Yeh udaasi uski mujhe badi satai thi
Dil me paheliyo ka uchal sa lai thi
halchal mujhe yeah samjh na aai thi
bas apke haste chehre ki tasveer ankho pe chaai thi
Apki har adda, suraj ki sajai hui laali,
Saman mere dil-o-dimag par bikhari
Khush raho aap sada yeh dua mene mangi thi
Pheli mulakat apke khawabo ka pegam le sang lai thi

IV

Uljhan

Mulakat mein bhikari hui uljhan dil ke kone humne chupa
di
Zindagi ki dod mein katoon ki tarah saja di
Na umeed aap ko pane ki thi, bas yaadon mein basane
ki thi
khawabon mein rakhna tha bas us roshni ko
jo basi apke ankhon mein thi
Kuch pal bas uhi apko yaad kiya karte the hum
doston se roz apka hal pucha karte the hum
Chand se utri naznin ke hakdhar nahi ho tum
Dil ko roz yeh samjhya karte the hum
kambakht na samajh paya,
zikar bhar se apke, sambhalte nahi sambhal paya
kya karta, yeah bechara?
Muskurahat ki chavi nazron mein basi thi
khamiya khud ki, samne aa khadi thi
Khule asmaan se bas apki khushi ki dua mange jee leta
tha
Na jane kesi paheli thi yeh, ek deedar bhar ko man
ahien bhar leta tha

V

Ehsaas

Subah ki chai, na jane mujhse kuch keh rahi thi
Man Samudra ki lehron jese machal raha tha
Khushi aur uljhan ke bich ye dol raha tha
Shor me bhikari khamoshiyan me aapse milne ki baat
chiddi
Hosh-o-hawas sath mera chod, apki aur chal pade
Gabhray hue dil ko, deedar se apke sukoon mila
Uppar vale ke pass hone ka ek ehsaas sa mila
Rasta apke sath hone ki madhoshi me kat gaya
Baaton se apki, unki chahat me kho gaye
Jab bikhara apki jhulfo ka anchal khande pe mere
Mein Sara ke Sara apke naam ho gaya

VI

Ehsaas 2

Garami me sheetal chaya bani apki pheli muskaan
Sawal sa pucha Dil-o-dimag ne mere
Baatien vo konsi chupi sine me tere
jisse vo lab bas muskurate jaay
Gum me na kabhi jhuk paye
Aankhon mein bas halki nami si ho
Jo unhien kabhi khushi ke ashu de paay
Kahi to woh haath uth jaye
Jisme kabool meri ye ek dua ho jaay!
Jhoka ek hawa ka hath apka hathon me de gaya
Ankhon-hi-ankhon mein, apne mujhse kuch keh diya
Samjh gaya nazaron ki hazar kahaniya me
Uss hasi ke piche bilakta dil jo dikh gaya
Man-hi-man rabb se fariyaad yeah lagai
Iss sachi rooh pe, kyu barsai tune duhaii
zindagi ke kirdaron ne tadpaya hai kaafi,
Pyaar jisse khud se zayda kiya, usne rulaya hai kaafi,
Bharose ka tutna mano aam sa ho gaya tha,
Tanhai ki chadar mein raatein hai kai kati
Samjh gaya tha bheed me apka akela pan

Hath thame rakhne ki koshish karta yeah
ojhal man
Akele ladte sab bas thak chuka hai dil apka
Muskaan mein bhi dard chupa tha sau saal ka
Samjh gaya tha khulke hasse in hothon ko arsa ho gaya
Na jane kyu, vo hassi vapis lana mera maksad sa ho
gaya
Adaon me ek bebasi dikhi, unhien riha karne ka huqm
sa mil gaya
Sachi Khushi apke chehre pe ek baar jo dikhi
Usse ta-umar banaye rakhne ka vada khud se kar liya
Mera phele ehsaas,
Mujhe ap, me rab dikha gaya
Mera phele ehsaas,
Apko mera, khuda bana gaya

VII

Aadat-Ibaadat

Hayeeee, phir le aya tha dil un galiyon me
Jiski raah pe chalte arso bit gaye
Har pathar pe nam se bichh gaye
Unki khushiyon ke liye hum khud ko phir bhool gaye
har pal bas sath rehne ki khwaish liye
har shaam naina apki raah take
takleef ap ko ho sasein meri ruk jaay
jadu sa kiya tha nazron ne apki
Apke eshash bhar se dil savar jay
Apka kuch na kehna khamosh rehna
Chup ke se ake god me mere so jana
jhulfon me meri unglio ko panha dena
muskurake sukoon ke silsile de jana
Deedar ki rangat me mujhe khuda de jana
Har shaam bas khud ko mere paas le ana
Dil bas aap ki ibadat me chur rehne laga tha
Shukar Guzar hai apki har adaon ka
Bas ab ap dosti me nahi adaton me shamil the meri
Pyaar ki kahani me nahi, zindagi ki zindagani ban
chuke the meri

Dil-o-dimag me ese base ki rag-rag apka nam lene lagi
har pal aapke khayalon me rehna
apke jate hi, apki yaad aa jana
apko kahi kho na du, iss dar me jena
is dar me zubaan pe eshsas michna
Apke sath rehna mano khwab sa tha
Paheliyon me khud ko jab dekha
apki tasveeron se kahe irade mere
Ap yu muskurai chupke sharmai
sason ko meri jese sasien aai
liya than keh denge apko ap hi ho yeah dil ki jaan
Khota kese pata tha khuda nahi hai itna mehrbaan
Pal-do-pal ki khushi mili yeh dil ko shayad wohi tha
uska farman

VIII

Ikraar

Aankhon mein nami thi
Sasoon me bebasi thi
khuda ban chuke ho aap kaise aap ko samjhata
Sote-jagte bas apki hi fikar thi
Kiss mod pe ja simti meri zindagi thi
Lakhon aksh the samay in ankhon me
Chand me bas apki hi chavi thi
Nikla me pyar-e-ikaraar karne
Sitaro ki god me jazbaat bichake
Kafiron ki basti me Note udake
Jannat ki khushiya khande pe sajake
Aa raha tha aap ke dar bas jholi phela ke
Kehne hazar sabad the,
Hazar rango ke khawab the,
Sawal bhi kai dil me base the,
Jawab sare aapke pehlu me the,
Pukaar yeah dil ne lagai
Mano aap ke man ki kahani si batai
Dur kahi aap ki khamoshi sun li
Dhadkano me chipi bebasi dikh gai

kuch khawab jinko bunne ki
ijazat zamane se na mili thi
Dar aap ka mehsoos sa ho gaya
Bhavnao me beh gaya man mera
Maaf karna apko askhon me mili sunvai
Takleef me dal gaye apko, shabad mere
Dil pighal gaya jab muskura ke apnai apne yeh dosti
Ikraar tha pal bhar ka mera, apne de di zindagi bhar ki
khushi
Thame rakha hath mera, gir na jau uss khai
Husaan se bhi bohot bhadkar, rooh ki mohabbat mene
pai

IX

Ahantien

Na thi khabar din yeh dhal-te
Man me chupi har baatien apko keh dunga
Teen sabdo me khud ko apke nam kar dunga
Socha na tha
Raah take betha ta umar jis shakhs ki
Deedar bhar me khawab sare jee jaunga
Safar me ghar ki talash karta chala
Bahon me apke ashiyana pa lunga
Socha na tha
Apke bina jag suna lagne lage
utho se uthon mile, rab ka ehsas hona
apki har ada me pyaar pa jana
angdaiyon me apki dil ka pighal jana
socha na tha
Jo kisi se na kaha wo aap se keh jana
rooh ki vani zubaan pe le ana
Janat ki tarah apka pyaar barsana
ankhon hi ankhon me sab bata dena
Socha na tha
Apka muskurake meri aur aa jana

rab ki khawaish me mera bas jana
Duniya jahan ki pharva kare bina
pyaar se pyaar ko gale lagana
socha na tha
Shukarguzar hu apki di hui har adaton ka
karzdar hu apke diye hue saman ka
eshsas apka sitaron bhari raat ho jana
Kirdar hazar par aap ka sabse khaas lag jana
Socha na tha
Socha tha, ki ek zindagi hogi jo sabke saman hogi
Par ap to meri zindagani ban gaye
Aankhon ki chahat ban gaye ap
Dil ki dhadkan ban gaye ap
socha na tha, socha na tha

X

Jannat

Falak ki baatien na samjh aai
Dhalte suraj me chippi kahani nazar, na aai
shaam me chuppi ruhaniyat samjh, na aai
Chadti shaam zindagi ka sabse haseen mod lai
Apne bahon mein bharke rab ki mehr barsai
Har sasn khushi se apka naam gungunai
Hothon se apne dil ki dhadkan badhai
Dil-o-jaan sab jhoom rahe
apke hathon ko chup rahe
Rag-rag ne apko avaaz lagai
Khuda ka shukar guzaar hu
Dil ne yeh bahar lagi
Nasha hai ehsaas apka,
Aankhon mein basi duniya,
Muskurat bani shaan dil ki,
Ibadat me apki rab dikhe
Kya karu, bepanha ishq ka ehsaas tab hua jab hua
malum apke samne na rab dikhe, jab bhi
apki ankhon me dekhu to hazar kahaniya dikhe
Uss jawnab ko bas sachha pyaar mile

us pyaar pe bas mera hi naam sajee
Man mein na vo sbad the
chehre pe na vo kisse
apne mujhe apna maan liya
har zakham ab bedarad the
Khushi ka koi thikana na tha
Sath apke akhari saasn lena
Mera iraada ban gaya
Tah-e-dil se shukriya hai apka
roz bas dil se mangu, aye khuda
Ta umar bas aap ka sath mile
har pal bas apko khushiyan mile